QUELQUES

RÉFLEXIONS

SUR

L'HÉRÉDITÉ DE LA PAIRIE.

Vox populi est summa lex.

PARIS.

CHEZ DELAUNAY, LIBRAIRE,

PALAIS-ROYAL , PÉRISTYLE VALOIS.

1831.

QUELQUES

RÉFLEXIONS

SUR

L'HÉRÉDITÉ DE LA PAIRIE.

———❖———

Un article transitoire de la Charte appellera dans la session prochaine toute l'attention de nos législateurs sur les modifications à faire éprouver à l'organisation de la pairie, et donnera lieu à des discussions vives et passionnées. Avant que la lice soit ouverte, nous hasardons ces réflexions, qui pourront peut-être jeter quelques lumières sur la question, éclairer les esprits encore indécis et incertains de l'opinion qu'ils doivent embrasser, et de la solution qu'ils doivent donner.

Si la France eût conservé ses coutumes anciennes et primitives, et qu'on pût encore appeler toute la nation pour assister aux assemblées du Champ de Mars ou de Mai, afin de discuter ses intérêts nationaux, la décision que nous demandons en ce moment ne serait pas douteuse. Aujourd'hui, que par une heureuse modification le pouvoir législatif est confié et concentré dans une assemblée, résultat, produit, émanation des volontés nationales, en doit-il être autrement? Certes nous ne le croyons pas, et nous espérons que nos représentans s'empresseront enfin de proclamer les conséquences d'un principe hautement reconnu, et dont la puissance a fait tonner le canon de juillet, a renversé un trône et chassé une longue dynastie de rois. Fidèles à leur mandat, nos législateurs devront obéir aux désirs nationaux, et la décision d'une question aussi grave, aussi importante et complémentaire de la Charte de 1830, sortira de l'urne législative brillante de sagesse et de patriotisme.

Mais pourquoi donc nos législateurs de 1830 ont-ils montré tant de timidité à résoudre cette question? Que d'embarras et de discussions ils eussent évités à leurs successeurs, si, éclairés encore par les rayons bienfaisans de la régénération politique et constitutionnelle qui venait d'avoir lieu, ils eussent tranché tout d'un coup une difficulté que l'on cherchera à embrouiller et à entraver par tous les moyens possibles, afin d'exploiter l'hérédité de la pairie au bénéfice de quelques individus dont la raison publique a déjà fait justice.

Pour excuser cette faute on dit qu'on voulait réfléchir sur cette question, qu'on désirait laisser aux esprits le temps de se mûrir, d'examiner avec attention les conséquences de cette modification législative.

Ah ! ne donnez pas à nos législateurs constituans une semblable pensée. Hé quoi ! leur dirait-on avec justice, vous vous êtes octroyé tout d'un coup un mandat destructeur d'un trône et de trois générations de rois; vous avez renversé une constitution, détruit un système établi depuis quinze ans; vous avez corrigé, augmenté et modifié une nouvelle Charte, reconnu un principe depuis long-temps enseveli sous les fers du despotisme ; vous prétendez certainement avoir eu assez de temps pour réfléchir à tous ces changemens inopinés, et aujourd'hui on viendrait niaisement nous dire que vous n'avez pu examiner une conséquence d'un principe sur lequel vous avez délibéré avec tant d'éclat, et que vous avez adopté avec tant d'enthousiasme. En vérité une pareille raison serait d'une naïveté par trop inconcevable : les talens distingués, les capacités supérieures que renfermait alors la Chambre des députés, nous empêchent d'admettre un semblable motif. Nous pensons plutôt qu'on s'est laissé influencer, dominer par l'opinion de quelques hommes marquans, dont l'ambition, déguisée sous des craintes futiles, craignant que l'abrogation de l'hérédité ne fût alors prononcée, cherchèrent, en louvoyant et en demandant du temps, à rattraper et à repêcher à leur profit ce dernier lambeau d'un trône renversé.

Excités et poussés par leur ambition, ce sont encore ces mêmes personnages qui paraissent aujourd'hui vouloir résister à la volonté du pays, qui osent mettre en balance le bien général et des intérêts privés, préférer quelques convenances de salon à l'approbation nationale. On peut dire, avec vérité, que la puissance est pour quelques hommes le tombeau de leur gloire, car chaque jour on voit *girouetter* et changer inopinément des gens naguère remplis de patriotisme : il semble que leur cœur se bronze à l'éclat des grandeurs, et que leur indépendance s'émousse et disparaisse au frottement des salons dorés.

Mais que nos hommes d'État réfléchissent bien avant de vouloir greffer sur notre jeune constitution les débris en ruine d'un pouvoir déchu ; chercher à défendre une mauvaise institution contre la volonté de la nation, c'est vouloir résister à un torrent qui sapant continuellement la digue qu'on lui oppose, finit tôt ou tard par la renverser, et sa fureur, irritée par l'obstacle, cause des ravages que la puissance humaine ne peut plus empêcher ni arrêter ; tandis que si une prévoyance sage eût sans cesse guidé sa marche, en obéissant à la pente et à la direction que son cours indiquait tout naturellement, il serait arrivé tranquillement à son but, répandant de tous côtés une fertile abondance.

La France, qui, depuis près d'un demi-siècle, verse son sang pour obtenir ses libertés et son indépendance, désire enfin le repos et la stabilité ; mais il faut que cette tranquillité ait pour base des institutions sages et rationnelles, une gloire pure et sans tache ; car, quelques sacrifices que l'on soit obligé de faire, les Français seront toujours prêts à marcher pour soutenir l'honneur de leur nom, et punir l'ennemi de leur pays.

Quant à ses institutions, la France, aujourd'hui puissante de raison et de logique, voudrait enfin les voir concorder avec l'état avancé de sa civilisation ; car l'esprit humain doit toujours marcher en avant : un pas rétrograde est pour lui un signe de mort.

Depuis 1789, cette tendance à une amélioration sociale s'est toujours fortement prononcée. A cette époque, commença pour la France l'ère de la régénération politique. L'esprit anti-social, les usages et les coutumes monstrueuses de la féodalité s'anéantirent. Tout fut renversé et détruit par une seule loi ; l'édifice de plusieurs siècles s'écroula à la vue d'une assemblée composée d'élémens nationaux et d'intelligences supérieures. Cependant cette assemblée si consciencieuse, formée de si hautes capacités, fut persécutée ; ses intentions furent callomniées ; on chercha à l'environner d'élémens de trouble et de désordre ; l'insigne mauvaise foi des chefs du pouvoir attira la résistance ; de cette lutte malheureuse naquit un épouvantable désordre où rois et peuples vinrent s'engloutir. Que cet exemple serve de leçon !

Les esprits encore étonnés de cet horrible bouleversement, fatigués de ces despotes d'un jour, de cette versalité continuelle des agens du pouvoir, éprouvaient un besoin extraordinaire d'être maintenus, dirigés et conduits. Un homme, un génie, Napoléon aperçut tout d'un coup cet état de malaise et d'incertitude, sa vue d'aigle lui montra spontanément les besoins et les désirs de la France. Saisissant alors les rènes du pouvoir, Napoléon sut tout soumettre, tout commander, tout gouverner, moins d'abord par un pouvoir despotique que par l'adresse qu'il mit à flatter et à contenter l'esprit national, qui se trouva pour ainsi dire quelque temps individualisé dans le génie de ce grand homme. Les faveurs de la fortune, des succès continuels, firent plus tard oublier à l'empereur cette première pensée, source de son élévation et de sa puissance; dès-lors on vit son étoile pâlir, son bonheur disparaître, et sa chute suivit de près son oubli: tant il est nécessaire à la stabilité d'un pouvoir de sympathiser avec le peuple, et d'être l'expression de la pensée nationale.

Les défaites de Napoléon lui rappelant bien vite les causes primitives de sa grandeur, il promit alors à la France toutes les institutions qu'elle pourrait désirer, et que les besoins du pays pourraient exiger. Hélas ! il était malheureusement trop tard, les masses ne se fièrent plus à ces paroles décevantes, et l'empereur fut renversé.

On espéra alors qu'un changement ferait revivre cette liberté que Napoléon avait imprudemment laissée sommeiller sous la gloire de ses armes victo- rieuses. Cette espérance de liberté fut de bien courte durée. La restauration vint, traînant péni- blement à sa suite une foule de nullités géronto- crates, qui, ne trouvant aucun appui ni sympathie dans le pays, furent obligées de s'étayer sur les baïonnettes étrangères. Dès-lors on put prévoir la chute de cette royauté qui nous fut imposée comme un joug.

Louis XVIII, que ses malheurs et quelques études avaient mis à même de connaître les progrès de la civilisation, et les désirs nationaux, s'aper- cevant que des baïonnettes n'étaient pas suffisantes pour soutenir sa fragile royauté, voulut échafauder sa puissance sur une charte constitutionnelle, qui, à cause de la lassitude qu'on avait du joug mili- taire, fut d'abord reçue avec quelque enthousiasme ; car elle apaisa quelques inquiétudes, et satisfit mo- mentanément à quelques désirs.

Cependant le préambule insultant et mensonger de cette Charte mécontenta les esprits, irrita les citoyens, et l'on sourit de pitié à ses principes pourris par le temps, dont le bon sens national avait fait justice, et que la restauration cherchait alors à rétablir. Depuis long-temps ces paroles de Caza-

lès avaient germé dans l'esprit français : « Je ne
» pense point, disait cet orateur, que le roi tienne
» sa couronne de Dieu et de son épée ; je n'admets
» point ces contes ridicules : il la tient du peuple. »
(*Monit.*, an 1791, no. 87.)

Toute autorité ne peut en effet émaner que du
peuple, tout autre système ne peut rationnellement
être adopté, et la science des faits vient encore ici
appuyer la théorie de la raison.

Disons un mot, en passant, sur ce droit divin.
En jetant un coup-d'œil rapide sur l'histoire, voyons
si on peut extraire, de ce droit prétendu divin,
l'hérédité de la couronne d'où naquit ensuite la lé-
gitimité, fille de la faiblesse et de la flatterie.

La bravoure et le courage élevèrent sur le pavois
le premier de nos rois, mais cette élévation fut le
résultat d'une élection libre de toute la nation. Ses
successeurs eurent également besoin du consentement unanime pour parvenir au commandement.
La fameuse loi salique n'a aucun rapport avec l'hérédité de la couronne. Ce ne fut que beaucoup plus
tard (en 1317, en 1328), que l'on chercha à en
tirer parti, à en détourner le sens primitif, afin de
favoriser des prétentions incertaines et douteuses.

L'hérédité légitime de la couronne, telle qu'on
l'entend aujourd'hui, n'a jamais été reconnue dans
la vieille monarchie française dont on parle tant,
et que ses partisans connaissent si peu. Charlemagne lui-même, si puissant, si fier, si impérieux,

reconnaît formellement la souveraineté du peuple et le pouvoir électif (1). A chaque pas, dans notre histoire, on trouve des preuves de cette vérité incontestable, que la puissance royale n'était que le résultat de l'élection et de la volonté nationale (2). Enfin les six premiers rois de la troisième race, cherchant à toute force à faire oublier ce droit d'élection, associèrent, de leur vivant, leurs fils au trône, et même les firent sacrer. Ce furent ces associations qui établirent peu à peu l'hérédité linéale et agnatique, sans qu'on pensât encore alors à invoquer le droit divin. Malgré toutes ces tentatives, tous ces efforts, on ne put parvenir à faire oublier la souveraineté du peuple; ce droit primitif, immuable, imprescriptible, résista à tous les événemens, et surgit toujours par sa propre force, tandis que le droit divin (nom inventé par la royauté et

---

(1) Si quelqu'un de mes enfans laisse en mourant un fils que *le peuple veuille choisir* pour lui succéder, je veux que les oncles y donnent leur consentement. (*Charta divisionis imperii Carol. Magn.*)

(2) En 922, l'assemblée du Champ de Mai ayant eu lieu à Soissons, tout le monde, mécontent de la conduite du roi, voulut le détrôner : cependant on parvint à apaiser les mécontens en leur promettant que la conduite de ce prince changerait; on répondit alors, *qu'on voulait bien,* en ce cas, continuer pour un an l'obéissance qui lui avait été rendue jusqu'à ce jour. (*Welly*, in-12 , tom. II, pag. 203.)

dont elle baptisa ses succès et sa réussite à éloigner quelque temps l'élection), vint toujours échouer contre l'examen des faits et la raison du peuple.

Comme la puissance trouve toujours des partisans, la royauté finit par trouver des approbateurs de ses principes et de son droit qu'elle nomma divin, en prenant la religion pour appui de ses usurpations ; dès-lors l'Église, empressée d'obtenir les faveurs du pouvoir, déclara impies et sacriléges tous ceux qui chercheraient à détruire ce ridicule système. Plus tard, quelques personnages voulant éterniser dans leurs familles les dignités qu'ils pouvaient avoir, se modelèrent sur la royauté, et cherchèrent, en suivant à-peu-près la même marche, à faire déclarer leurs honneurs héréditaires, puisant leurs droits à la même source, et disant que tout était corrélatif dans cet enchaînement d'institutions monarchiques.

1789 vint enfin renverser tout le ridicule échafaudage de ces prétentions ambitieuses, et chacun put dès-lors connaître la vérité, et apprécier ses droits. Ce fut réellement à cette époque que tous les Français commencèrent à devenir hommes libres et pensans. Des dissensions civiles, des guerres longues et meurtrières, des changemens imprévus détruisirent peu à peu cette auréole de liberté qui avait éclairé quelque temps la France. Mais les brillantes et généreuses journées de juillet sont enfin venues rétablir cette liberté trop long-temps accablée sous le joug d'un pouvoir hypocritement despotique.

De ce jour d'éternelle mémoire on put espérer que la sagesse nationale porterait son flambeau sur toutes les parties obscures et trompeuses de la législation, et que des institutions rationnelles surgiraient de cette royauté improvisée, et que le sang des juillétiens serait enfin une base éternelle de cette liberté que nous poursuivons sans cesse, et qui doit être le prix de tous les sacrifices que, depuis huit lustres, la France a été obligée de faire. Cependant la marche tortueuse de certains hommes fait déjà craindre un pas rétrograde, l'inquiétude est presque générale, les intérêts des masses sont déjà remis en question. Des hommes attachés à leurs dignités, à leurs priviléges, voudraient encore s'imposer à la nation, semblables à ces plantes parasites, qui s'attachent impitoyablement à un tronc jeune et vigoureux, l'entourent de leurs rameaux mortifères, et se gorgeant continuellement de sa sève, finissent par lui enlever peu à peu la vigueur et la force, en détruisant et détournant sans cesse les substances auxquelles il devait primitivement sa brillante et vigoureuse existence. Tel est aujourd'hui le tableau de la France; la révolution de juillet, d'abord resplendissante de son propre éclat, forte et vigoureuse, répandant de tous côtés ses généreux principes de liberté et de raison, se trouve maintenant comprimée, enlacée par un pouvoir colérique et rétrograde, qui craint de froisser de petits intérêts ; qui, dans des questions de principes, ne voit que des questions de personnes, et qui cherche à gaspiller à son profit cette glorieuse révolution. Avec une pareille marche, un semblable système, on n'établit que de détestables institutions, on ne fait que de mauvaises lois dont les principes délétères causent tôt ou tard le bouleversement et la ruine d'un pays : mais on a beau faire, il faudra, sous peine de mort, marcher dans la route brillante et lumineuse qui a pour étoile l'esprit hardi, rationnel et novateur du dix-neuvième siècle.

Dans une constitution tout doit se concorder, s'harmoniser, de manière qu'une fois le principe établi, toutes les conséquences puissent naturellement et simplement en découler. Notre gouvernement actuel, fondé et créé par les principes de souveraineté nationale, ne peut vouloir, sans un contre-sens ridicule, que les institutions destinées à soutenir et solidifier son pouvoir, soient organisées par des principes entièrement opposés et même ennemis de son existence. Nous confiant dans la sagesse et les lumières de Louis-Philippe, nous ne doutons pas qu'il ne veuille satisfaire le pays ; il saura repousser les conseils de son déplorable ministère qui, pour mettre le complément à sa marche anti-nationale, soutiendra probablement l'hérédité de la pairie. Nous croyons aussi que nos législateurs ne se laisseront plus influencer, et qu'ils auront assez de force pour détruire cette hérédité antipathique à la nation, et faire sortir de leurs discussions une pairie nationale, afin qu'il y ait une harmonie parfaite dans la composition de la trinité législative.

L'hérédité de la pairie peut être regardée comme une absurdité écrite dans la loi. « On ne conçoit » pas plus, nous dit Franklin, des législateurs » héréditaires que des professeurs héréditaires. » En effet, la Chambre des pairs ne doit être composée que de grands talens, de hautes capacités, et certes ce n'est point au hasard de la naissance que l'on doit s'en rapporter pour obtenir un semblable résultat.

Notre Chambre des pairs est véritablement un second degré de puissance législative destiné à élaborer par un examen scrupuleux et consciencieux les lois discutées et adoptées par la Chambre des députés (1). Ce nouveau travail demande, sans contredit, de grandes lumières, de grandes connaissances en législation, une grande habitude de discussion, pour qu'il soit réellement comme un nouvel alambic qui clarifie et épure tous les projets de loi des élémens hétérogènes et impurs qui

---

(1) Toutes les lois devraient d'abord être votées par les députés de la nation; on aurait dû généraliser le second paragraphe de l'article 15 de la Charte, au lieu de le restreindre seulement à la loi de l'impôt.

pourraient s'y trouver. Si on s'en rapporte, pour faire cet examen, à des hommes dont les capacités intellectuelles ne soient pas à la hauteur d'un semblable travail, le résultat des discussions sera nul, ou ne sera basé que sur des motifs d'intérêt privé et d'aveugle confiance.

Ainsi donc, personne ne peut nier qu'il ne soit absolument nécessaire de ne voir figurer dans cette Chambre de révision que de profonds légistes, des savans consciencieux vieillis aux discussions des tribunes, qu'une improvisation brillante et captieuse ne puisse jamais séduire. Il est aussi de toute nécessité que dans l'examen approfondi des projets qu'on leur présente, les pairs apportent une connaissance étendue des mœurs et de l'état politique du pays. Il faut que les études de toute leur vie leur aient donné la possibilité d'apprécier l'utilité et l'opportunité d'une abrogation ou seulement d'un changement, d'une prohibition ou d'une extension à faire éprouver à la législation ; enfin, il faut qu'une grande netteté d'idées leur permette de corriger et de réviser les articles qu'une discussion souvent précipitée aurait laissé échapper à l'examen des députés. La loi doit sortir de leurs mains, brillante de clarté, de netteté, de prévision, et n'avoir plus qu'à recevoir ce souffle émané de la dignité royale, qui lui donne la vie et la force nécessaires pour répandre dans le pays ses effets bienfaisans. Et l'on voudrait qu'un travail aussi compliqué, aussi difficile, aussi important, fût l'ouvrage de gens indiqués par le hasard, d'hommes condamnés en naissant à être législateurs, comme si l'esprit et le mérite d'examen, le talent de discussion étaient le résultat d'un décret ou d'une ordonnance. Quelle stupide combinaison ! ! ! Et c'est au dix-neuvième siècle que l'on trouve des défenseurs de ce système ! ! ! ! !

Les préjugés sont souvent la principale cause de la ténacité et de la défectuosité des opinions et des idées de beaucoup de personnes. Ainsi l'on voit encore aujourd'hui des gens qui sont en adoration perpétuelle devant les institutions anciennes et la gothicité, et qui ne soutiennent l'hérédité de la pairie que parce qu'ils s'imaginent, se fiant sur le préambule mensonger de la Charte de 1814, que c'est *une institution ancienne, réunissant les temps anciens aux temps modernes.* Peut-être parviendrait-on à modifier leurs opinions en leur démontrant que leur croyance n'est nullement conforme à la vérité historique, et que leur erreur est le résultat du soin que l'on a eu de baptiser d'un ancien nom une institution nouvelle.

L'idée que l'on attache aujourd'hui au mot de pairs n'a pour ainsi dire aucun rapport avec sa signification primitive. Le mot de pairs (*pares*) se trouve assez fréquemment dans notre histoire, à une époque éloignée, mais uniquement dans le sens de confraternité ou d'égalité; et n'entraînant avec soi aucune idée de titre ou de dignité. Sous Charlemagne on voit des évêques, des abbés, se donner ce nom ; plus d'un siècle avant cette époque Dagobert accordait ce nom à des moines; plus tard, lorsque les villes eurent acquis le droit de communes, on vit des pairs bourgeois qui jugeaient leurs confrères dans les causes criminelles.

Enfin on donna cette dénomination de pairs à tous les propriétaires de fiefs, considérés dans leur rapport avec les autres vassaux de la seigneurie dont ils relevaient eux-mêmes; en effet, ces propriétaires étaient égaux entre eux (*pares inter se*), tenant leurs fiefs d'une même personne, de la même manière, et sous la même obligation de rendre foi et hommage, obligés au double service de *l'ost* et des *plaids*, c'est-à-dire qu'ils étaient tout-à-la-fois soldats et juges. Ainsi, il y avait dans le royaume autant de pairies que de fiefs mouvans d'une même seigneurie.

On voit évidemment, d'après ce simple exposé, sur lequel tous les historiens sont presque d'accord, que la pairie n'était point originairement une dignité; ce fut d'abord une simple dénomination de confraternité, ensuite le résultat de la possession d'une propriété; enfin, le temps, grand modificateur des us et coutumes, restreignit peu à peu le sens de ce mot de pair, et l'on finit par ne plus accorder ce nom qu'à douze personnes.

L'époque de ce changement et de cette réduction

est très douteuse, très incertaine. Ce point historique a donné naissance à une variété d'opinions aussi
hypothétiques les unes que les autres. Il y en a qui
font remonter l'institution de la pairie à Charlemagne ; origine romanesque et fabuleuse, n'ayant
pour fondement que les contes apocryphes de l'évê-
que Turpin. D'autres l'attribuent à Hugues Capet,
mais sans aucunes preuves. Un historien (1)
l'attribue au roi Robert, mais la fausseté de cette
opinion est démontrée par l'énoncé fautif des faits
sur lesquels cet auteur base ses preuves ; enfin l'o-
pinion la plus raisonnable et la mieux fondée est
celle de Dutillet (2), qui pense que cette réforme
de la pairie est l'ouvrage de Louis VII, lors du sacre
de Philippe-Auguste, son fils (en 1179). Afin de
mettre plus d'ordre et d'éclat dans cette cérémonie,
Louis VII choisit parmi le grand nombre de pré-
lats et de seigneurs qui lui étaient dévoués, les
douze personnes qui ont été depuis distinguées par
cette illustre fonction.

Ce nom, étant ainsi restreint, fut dès-lors consi-
déré comme une dignité qui n'était cependant que
l'accessoire du fief, et qui était, pour ainsi dire,
regardée comme un fruit civil et honorable de la
terre ; cette idée était tellement adoptée, que, par
une suite de cette patrimonialité des grands fiefs,

---

(1) Favin, *Théâtre d'honneur et de chevalerie.*
(2) *Recueil des rangs*, chap. des pairs de France.

les femmes, qui par hasard s'en trouvaient investies, siégeaient avec les pairs, jugeaient et délibéraient avec eux.

Peu à peu les douze pairies que Louis VII avait établies finirent par s'éteindre, et soit par confiscation, traités ou mariages, elles devinrent parties intégrantes du domaine royal ; mais voulant conserver et maintenir une dignité si éclatante, et qui donnait, suivant les anciens chroniqueurs, du lustre et de l'appui à la couronne, nos rois créèrent de nouvelles pairies, qui ne furent pas tout-à-fait de même nature que les premières. Ces nouvelles pairies furent conférées par des lettres patentes, et seulement aux seigneurs du sang de France (1). Dans la suite on conféra aussi la pairie à des princes étrangers (2); enfin le dernier période de ces changemens fut celui où nos rois érigèrent en duchés-pairies, les terres des principaux seigneurs de leur cour (3); depuis on multiplia beaucoup cette di-

---

(1) Les lettres de cette première élection furent données à Courtrai, au mois de septembre 1297, à Jean, duc de Bretagne, par Philippe-le-Bel. L'Artois et l'Anjou, suivant le père Anselme, généalogiste de France, datent du même jour leur création en comté-pairie. (*Trésor des Chartes, Layettes d'Anjou, etc., etc.*)

(2) Le premier qui eut cet honneur fut un seigneur de la maison de Clèves, créé duc de Nevers, en 1506.

(3) Le baron de Montmorency fut le premier qui obtint cette dignité, par l'érection de la baronnie de Montmorency en duché-pairie, en 1551.

gnité ; en 1789 il existait en France trente-huit pairies.

Nous avons dit qu'un des premiers devoirs d'un pair ou propriétaire de fiefs, était le service aux plaids. *Un pair ne pouvait jamais dire qu'il ne jugerait pas* (1). Ainsi l'on voit que toujours un pair était juge : les pairs du roi étaient juges naturels des affaires de la pairie de France, ainsi que des contestations qui intéressaient le roi, comme chef suprême de la hiérarchie féodale. Mais, comme nous l'avons déjà dit, le nombre des pairs se trouva diminué, et l'esprit de l'époque, entraînant toujours les seigneurs aux combats, ne leur permettait que fort rarement de remplir leurs fonctions judiciaires. Ensuite certaines formes de procédures s'étant introduites, lorsqu'on eut rendu le parlement sédentaire à Paris (vers 1302), elles contribuèrent encore à rendre plus difficile l'exercice du pouvoir judiciaire que possédaient les hauts barons. Afin d'aplanir ces difficultés, on chercha à réunir la cour des pairs au parlement (vers 1315). Cette fusion ne fut d'abord établie par aucune loi, elle se fit en quelque sorte par la seule force des choses ; en peu de temps cette innovation fut généralement reconnue (vers 1363), et depuis cette époque la cour du parlement, suffisamment garnie de pairs,

---

(1) Chap. 27 , art. 28, dans Pierre Desfontaines, auteur très estimé qui écrivait sous le règne de saint Louis.

a constamment connu de toutes les contestations qui se sont élevées sur l'existence, la transmission et les droits des pairies; enfin a jugé les accusations intentées contre des pairs de France.

On voit que les pairs jouissaient de la double qualité de premiers vassaux de la couronne, et de premiers magistrats du royaume; siégeant au parlement avec le roi, dans tous les lits de justice et à toutes les séances solennelles. Ainsi les deux élémens des anciennes pairies n'existent plus aujourd'hui; car il n'y a plus en France de vassaux, et par conséquent de vassaux de la couronne. Les pairs ne sont plus ces magistrats se réunissant au parlement, n'ayant qu'une autorité secondaire, subordonnée, et ne pouvant avoir aucune influence sur la législation.

Dans l'origine de la monarchie, les règlemens et les lois se faisaient aux assemblées du Champ de Mars ou de Mai. Puis les seigneurs, devenus tout-puissans, furent maîtres des jugemens et devinrent de fait législateurs dans leurs terres (1). Enfin, peu à peu le pouvoir législatif se concentra dans la

---

(1) Bers a toute justice en sa terre; ne li roi ne peut mettre ban en la terre au baron sans son assentement, ne li Bers ne peut mettre ban en la terre au vavasson. Chacun des barons si est souverain en sa baronnie. Il n'y a entre le seigneur et le vilain autre juge fors Dieu. (*Voyez* les Établissemens de saint Louis et les écrits de Beaumanoir.)

main de nos rois, et notre droit public était pour ainsi dire renfermé dans ces mots : *cy veut le roi, cy veut la loi.* Heureusement que cet antique et vicieux système a été enseveli, en 1789, sous les ruines du régime féodal.

Dans l'impossibilité de rétablir l'ancien ordre de choses, et de donner au gouvernement de la restauration toutes les anciennes bases féodales, Louis XVIII nous donna, le 4 juin 1814, une Charte constitutionnelle qui établit une Chambre des pairs à laquelle il attribua une portion de la puissance législative. Mais aujourd'hui que cette Charte de Louis XVIII a été déchirée par le parjure de son successeur, et abrogée ou du moins modifiée par la déclaration du 9 août 1830, toutes les institutions qui s'y trouvaient, et qui ne sont plus en rapport avec les progrès toujours croissans des lumières, doivent être également abrogées et changées.

Les gens qui voudraient exploiter à leur profit la révolution de juillet, et qui n'ont vu dans ce grand mouvement qu'un changement de noms et de personnes, cherchent à conserver l'hérédité de la pairie, espérant en bénéficier. Ils voudraient empêcher la discussion en faisant intervenir l'autorité royale; et sous le prétexte de leur vénération pour la couronne : « Ils ne voudraient pas, disent-ils, » en ôter ce fleuron qui en est le plus bel orne- » ment et la sauve - garde ; car, suivant eux;

» attaquer l'hérédité de la pairie, c'est attaquer
» l'hérédité de la couronne. »

La faiblesse d'une semblable raison est visible,
et n'est produite que par une spécieuse et futile
argumentation. Ainsi, nous dirons aux partisans de
l'hérédité, que nous ne voyons d'abord aucune similitude, aucune analogie entre les causes qui ont
décidé à accorder au chef de l'État une puissance
héréditaire, et les causes qui pourraient faire établir
l'hérédité de la pairie; si on réclamait cette prérogative en faveur des pairs, ne pourrait-on pas
aussi la réclamer pour d'autres dignités, car une
fois lancé dans la carrière des désirs, on ne trouve
plus de limites. En effet, il n'y a pas plus de raisons
plausibles d'accorder l'hérédité à une partie de la
puissance législative, qu'à la puissance judiciaire ou
militaire; les connaissances exigées pour ces différentes positions sociales ne sont pas innées, et ne
peuvent certainement se transmettre par succession.

Si l'hérédité de la couronne a été admise, c'était
par nécessité, afin que la puissance royale ne fût
pas, à chaque changement de règne, une source
perpétuelle de bouleversemens et de désordres. Et
d'ailleurs cette hérédité n'entraîne avec elle presque
aucun danger, si l'on a, pour repousser les écarts
du pouvoir, de bonnes lois sur la responsabilité des
ministres; de plus, les représentans de la nation
sont toujours des sentinelles attentives à arrêter ou

à venger les atteintes qu'on voudrait porter aux lois.

Tandis qu'aucun frein ne peut prévenir les écarts de la pairie héréditaire, aucune barrière ne peut arrêter ses désirs ambitieux; si par hasard il se formait, dans la Chambre des pairs, un schisme, un projet d'envahissement attentatoire aux libertés nationales, quel remède y aurait-il alors? aucun certainement; car le schisme serait héréditaire : les désirs ambitieux de la pairie, toujours existans, toujours menaçans, parviendraient, sans aucun doute, par leur ténacité et leur persévérance, à surmonter les entraves qu'on chercherait vainement à leur opposer, et finiraient par anéantir nos libertés.

Quelques singuliers esprits voudraient encore appuyer l'hérédité de la pairie en prétendant trouver une grande connexité entre cette hérédité et la succession directe des biens. On ne conçoit vraiment pas comment on peut trouver de la similitude entre ces deux questions, car certes on ne peut pas aujourd'hui considérer la pairie comme un immeuble; on ne peut pas admettre que cette hérédité soit une nécessité; tandis que l'hérédité des biens patrimoniaux est le résultat de notre agglomération sociale, la conséquence nécessaire de nos liens de famille qui nous font travailler activement à améliorer le sort de nos descendans, à leur procurer une existence honorable; car sans ce but généreux et paternel, toute industrie, tout commerce, et par conséquent toute société est détruite ; chacun, restreint par un froid et vil égoïsme, ne cherche que sa propre subsistance et néglige son semblable. Lorsqu'on réfléchit sur l'homme et qu'on l'examine, il faut le voir et le juger tel que la nature l'a créé, avec ses qualités et ses défauts, et ne point forger des êtres imaginaires que l'on veut ensuite diriger et gouverner d'après de singulières utopies ou de plaisans systèmes, qui trouvent encore au dix-neuvième siècle des sots et des dupes pour les applaudir.

Mais enfin, quel avantage trouve-t-on à laisser subsister l'hérédité de la pairie ? Un pair héréditaire, nous dit-on, est plus indépendant.

Cette supposition indique une bien fausse connaissance du cœur humain. D'abord pense-t-on qu'un marmot qui dès le berceau a sucé au sein maternel des idées de caste et de supériorité, qui a été nourri au milieu des honneurs et des prestiges qui accompagnent toujours la dignité pairiale, enfin, qui a été élevé dans une sphère où l'on se croit d'une nature différente, d'une qualité supérieure au reste de l'espèce humaine, puisse par la suite se dépouiller entièrement de ses préjugés, repousser tous les sentimens de vanité qui auront germé dans son sein aristocrate, pour venir à la Chambre des pairs défendre les libertés de son pays, soutenir les intérêts de ceux que le hasard de la naissance aura placés au-dessous de lui, et légiférer avec conscience et patriotisme ? Non, certes, cet homme ne pourra jamais aimer cette égalité précieuse, source des richesses et des lumières; il cherchera toujours à faire des lois en sa faveur, qui solidifieront de plus en plus l'édifice de son droit héréditaire. Le cœur de l'homme est né ambitieux, et le pair héréditaire *n'ayant eu que la peine de naître* pour obtenir cette dignité, se blasera bientôt sur une semblable prérogative; n'ayant rien fait pour l'obtenir elle ne satisfera pas son cœur et ne suffira pas à son amour-propre; il voudra certainement acquérir de nouveaux titres, de nouveaux honneurs; moyennant une soumission complète, la royauté sera toujours prête à satisfaire les désirs de cet esprit cupide, cherchant à barioler sa livrée de tous les hochets de cour. En peu de temps, il deviendra l'agent des volontés royales à la chambre des pairs, car les faveurs, que sa position et sa naissance le mettront à même de désirer et de demander, seront pour son cœur ambitieux et vaniteux une chaîne de dépendance dont le premier anneau était l'hérédité.

Enfin les partisans de la prérogative héréditaire ne pouvant plus se défendre, ne trouvant ni sympathie, ni argumens plausibles en France, veulent passer le détroit et aller chez nos voisins d'outre-mer puiser des exemples et des raisons; malheureusement encore pour les partisans de l'hérédité, on ne peut trouver en Angleterre aucun argument pour nous décider ainsi à singer les institutions nobiliaires de ce pays.

La pairie anglaise est aujourd'hui une tradition nationale, et, pour ainsi dire, un préjugé populaire. Le crédit et l'estime dont jouissent les lords sont fondés sur les services qu'ils ont rendus au peuple anglais en combattant la royauté, et obtenant les armes à la main les libertés dont jouit aujourd'hui l'Angleterre ; ces faits sont déjà une excuse, un palliatif de leurs exorbitantes prérogatives. Ce sont les hauts barons anglais qui ont obtenu *la Charte des communes libertés* ou la *grande Charte*; ce sont encore eux qui ont fait établir les magistrats conservateurs des priviléges du peuple, d'où naquit par la suite la chambre des communes. Enfin les luttes continuelles que la noblesse eut à soutenir contre la royauté pour maintenir ces libertés, sont des faits de nature à mériter et la reconnaissance et la confiance du peuple anglais.

Aucune époque dans notre histoire ne pourrait nous présenter des faits semblables, qui pussent attirer notre reconnaissance à nos seigneurs féodaux ; car en France, ce fut le tiers-état qui conquit une à une toutes ses libertés ; et même, sans sortir de notre histoire contemporaine, et n'envisageant qu'une époque encore très rapprochée de nous, de quelle utilité la Chambre héréditaire a-t-elle été pour défendre les droits et les libertés, que les infâmes ordonnances du 25 juillet cherchaient à détruire? quelle défense a-t-elle opposée aux envahissemens que tentait un pouvoir insensé? quelles mesures a-t-elle prises, avant que nous eussions remporté la victoire, pour punir les projets liberti-cides d'un roi parjure?

Répondez-nous, partisans de l'hérédité; ne venez donc plus nous parler de l'Angleterre, et comparer la chambre haute avec notre Chambre des pairs : la similitude n'est pas admissible ; l'une est fondée sur des souvenirs nationaux, tandis que l'autre tire son origine de l'octroiement d'un roi du droit divin.

On ne peut en vérité concevoir l'entêtement de quelques esprits stationnaires. Ne devrait-on pas apercevoir que tout ce qui a l'air de sentir la gothicité, et tout ce qui cherche à se rapprocher de l'inégalité du régime féodal est aujourd'hui en horreur à la France. Malgré un petit nombre d'hommes aux vues courtes et rétrogrades, d'ambitieux, aux désirs insatiables, qui, sacrifiant le pays à leur intérêt et à leur avidité, cherchent toujours à s'opposer à l'extension et à l'agrandissement des libertés nationales, nous espérons que la nation sera victorieuse, et que l'on n'osera résister à la disposition générale des esprits. La pairie actuelle a entièrement perdu son influence : on a absolument besoin, pour la réorganiser, de la retremper dans des élémens vraiment nationaux, afin de lui donner cette force morale dont il est nécessaire d'environner une chambre législative, et qui ne peut se trouver et se puiser que dans une organisation qui inspire de la confiance, et qui soit approuvée de la France.

Il ne suffit donc pas de détruire et de renverser ;
en faisant voir le mal, il faut indiquer le remède :
mais on doit apporter dans l'examen des théories
que chacun présente la plus sévère et la plus scru-
puleuse attention. Le but de la Chambre des pairs
étant l'examen et la discussion des lois, elle doit
être uniquement composée de gens ayant de grandes
connaissances en législation, et inspirant une pleine
et entière confiance au pays. Ainsi un mode d'organisation qui parviendrait à donner ces deux ré-
sultats serait sans doute le meilleur.

Pour parvenir à ce but, les moyens nous sem-
blent assez faciles. Suivant nous, on pourrait l'obtenir en choisissant les pairs parmi les membres de
la Chambre des députés : mais il faudrait, pour que
ce choix pût avoir lieu, que le député eût été nom-
mé au moins trois fois à la Chambre élective pendant
trois sessions différentes ; de cette manière on aura
le temps d'examiner la capacité et le patriotisme de
ce député ; ces réélections successives donneront la
certitude que cet homme inspire une grande confiance à ses commettans. La Chambre des députés
sera la pépinière d'où sortiront les pairs.

Mais comme il est absolument nécessaire que dans
la combinaison des pouvoirs les Chambres ne puissent avoir aucune influence l'une sur l'autre, on ne
peut laisser la nomination des pairs à la Chambre
des députés ; cette nomination doit uniquement
appartenir au roi, qui sera cependant tenu de limi-

ter son choix sur les députés qui auront été portés trois fois à la Chambre élective.

Afin de prévenir le retour de graves abus, d'empêcher toutes les tentatives que l'on pourrait faire pour créer des majorités factices, il faut absolument aussi limiter le nombre des pairs. Les nominations illimitées laissant la possibilité d'envoyer tout d'un coup à la Chambre une grande quantité de pairs, de faire des fournées, ne doit plus exister; car si on laissait au roi cette faculté, la Chambre des pairs ne serait encore qu'une succursale de la royauté.

On obtiendrait par ces différens moyens une pairie viagère, inamovible, dont les élémens seraient vraiment nationaux; on repousserait une foule d'ambitieux qui se font esclaves et adorateurs du pouvoir pour obtenir, par importunité ou faveur, les dignités et les honneurs. Le pair, ainsi élu, tenant également son titre et de la nation et du roi, sera le modérateur entre ces deux puissances, et sympathisera avec elles.

La Chambre des pairs ne renfermera alors que des hommes de talent, des gens éprouvés, connus; cette dignité sera la récompense du patriotisme, le *nec plus ultrà* des honneurs, le champ de gloire où tout homme se reposera en continuant de servir son pays.

On trouvera sans doute dans ce mode d'organisation des difficultés et des défauts; on dira peut-être que l'on écarte de la Chambre des pairs de grands talens, de hautes capacités, qui n'ont pu obtenir la députation : mais ces capacités ne remplissant point toutes les conditions que nous avons établies, comme bases essentielles de la pairie, ne peuvent se plaindre ; car n'ayant pu obtenir la confiance de leurs concitoyens, on ne peut trouver mauvais qu'on les écarte d'une Chambre où les garanties morales et la confiance nationale doivent marcher de front avec les capacités intellectuelles. La Chambre des pairs ne doit plus être le réceptacle de toutes les ambitions de cour qui obtenaient autrefois cette dignité par des flagorneries d'antichambre. Devant être aujourd'hui uniquement composée de savans législateurs, de bons citoyens, il n'est pas nécessaire de satisfaire quelques ambitions particulières au détriment des intérêts du pays. Celui qui a vieilli dans l'étude de la législation doit être favorisé et inspirer plus de confiance qu'un homme sans antécédens politiques. Et si en détruisant l'hérédité on n'établissait pas un mode d'organisation, qui ne laissât parvenir à la pairie que des gens dignes de la confiance de la nation, il n'y aurait alors que la forme de l'abus qui serait changée, car il pourrait se faire que celui qui serait porté à la pairie, semblable au pair héréditaire, viendrait jouir de sa prérogative sans avoir donné auparavant ses preuves de capacité, et l'on doit surtout éviter cet inconvénient. Nous croyons donc que le mode que nous indiquons prévient et détruit un grand nombre d'abus, et présente le plus d'avantages possibles.

En fait de théorie gouvernementale et législative, on peut dire qu'il est presqu'impossible d'en créer ou d'en établir une seule, dont la bonté et la perfectibilité soient absolues. On doit toujours adopter celle qui plaît le plus au pays ou qui est la moins désapprouvée ; car suivant un de nos profonds jurisconsultes, le meilleur gouvernement est celui qui convient le mieux à la nation pour laquelle il est fait.

L'attention de nos députés doit encore se fixer sur l'article 28 de la Charte, qui renferme une vicieuse imperfection, en attribuant à la Chambre des pairs deux pouvoirs dont la réunion n'est jamais sans danger pour la liberté publique. Un corps à-la-fois juge et législateur présente une anomalie dangereuse au pays, aux libertés, dont profite après chaque secousse violente le parti vainqueur, pour châtier ses ennemis et même les faire périr. Ce pouvoir judiciaire qui ne doit aucun compte de ses jugemens, qui fait et applique la loi en même temps, se trouve en contradiction avec les principes sacrés du droit en présentant un caractère de rétroactivité funeste à la sûreté et à la liberté des citoyens. On saura enfin définir les crimes de haute trahison, les attentats à la sûreté de l'État, et établir une sanction pénale, afin de détruire ce pouvoir exorbitant et rétroactif qui punit quand il veut et comme il lui plaît. Les pairs, transformés en une espèce de jury national, jugeant et punissant certains crimes bien connus et bien définis d'avance, seront ainsi à l'abri de toute critique, et l'on ne verra plus l'esprit de parti se glisser dans la condamnation et la vengeance dominer la justice.

Mais le point essentiel aujourd'hui est l'abrogation de l'hérédité de la pairie, et nous osons espérer que les députés, appréciant les véritables intérêts du pays, sauront écarter les raisons spécieuses et repousser l'opposition systématique que préparent déjà les champions des dignités héréditaires. Gloire à nos représentans s'ils affranchissent nos institutions de ce préjugé qui accorde les talens et les honneurs au hasard de la naissance; car on ne doit plus apercevoir dans notre organisation politique aucun reste de ces pâles et tristes copies des temps féodaux. Le principe de la souveraineté nationale ayant été solennellement reconnu, toutes les institutions doivent également émaner du peuple et sympathiser avec lui.

Il serait singulier de voir consacrer dans la Charte de 1830 l'hérédité de la pairie, qui n'avait pas même été formellement établie dans la Charte de 1814. D'après l'article 27 de cette Charte, l'hérédité ne faisait pas une condition essentielle de la pairie, il était seulement facultatif au roi de rendre cette dignité héréditaire. Mais aujourd'hui la France ne veut plus conserver dans ses lois cette absurdité,

émanée d'un droit qu'elle a en horreur et dont on
fait également sortir les institutions vicieuses et le
parjure.

Mais il nous semble que l'arrêt de condamnation
de l'hérédité de la pairie est déjà prononcé, et pour
ainsi dire écrit dans la Charte de 1830; car, s'il en
était autrement, pourquoi mettre dans les disposi-
tions particulières un article transitoire qui prescrit
une révision de l'organisation de la pairie; ou cet
article est une déception insultante à la nation, ou
c'est une promesse formelle de détruire ce funeste
privilége qui ne pouvait appartenir et appuyer
qu'un trône fondé sur le droit divin.

Espérons que toutes les résistances que l'on
voudra faire pour arrêter cette abrogation ne pourront entraver nos espérances. Les pairs actuels ne
chercheront sans doute pas à s'opposer à cette me-
sure que le pays demande avec instance, et les sentimens nobles et généreux de ceux que nous con-
naissons, leur dévoûment au bien public, les empê-
cheront de balancer entre le désir général et leur
intérêt privé; ils ne regarderont pas sans doute
comme un sacrifice la renonciation à leurs titres
héréditaires du moment que la nation le demande
et que le bien public l'exige. Si par hasard il y avait
des pairs dont les idées fussent contraires à ces principes, et qui, à cause de leurs préjugés de naissance, désirassent conserver l'hérédité de la pairie,
nous leur croyons trop de noblesse d'âme, trop de

grandeur, pour vouloir descendre dans la lice et devenir les adversaires de la volonté nationale; il y aurait par trop d'impudence à remplir ce rôle, et nous ne pouvons admettre une semblable pensée.

L'idée de l'abolition de l'hérédité de la pairie est tellement enracinée dans le pays, qu'il y aurait peut-être de l'imprudence à ne pas satisfaire le désir général. Cette tentative de comprimer la volonté nationale ne serait ni prudente, ni sage, et indiquerait dans les hommes du pouvoir un penchant aux idées rétrogrades qui pourrait attirer le mécontentement et la haine au nouvel ordre de choses.

Enfin, que l'on songe qu'il est impossible de résister à la masse des esprits, d'entraver la marche progressive de la civilisation. Les luttes et les résistances attirent toujours les désordres et les bouleversemens; que le passé serve d'exemple et soit une leçon pour l'avenir.

IMPRIMERIE DE PIHAN DELAFOREST (MORINVAL), RUE DES BONS-ENFANS, N°. 34.